Den tiefen Frieden im Rauschen der Wellen – den wünsche ich dir

Die schönsten irischen Segenssprüche

BEI SONNENAUFGANG

DAS AUGE DES GROSSEN GOTTES,
DAS AUGE DER HERRLICHKEIT,
DAS AUGE DES KÖNIGS ALLER MÄCHTE,
DAS AUGE DES KÖNIGS ÜBER ALLEM, WAS LEBT –

ES STRAHLT ÜBER UNS AUF
JEDEN TAG, JEDES JAHR.
ES STRAHLT ÜBER UNS AUF
ZÄRTLICH, IN FÜLLE.

EHRE SEI DIR, GLANZVOLLE SONNE!
EHRE DIR, SONNE,
DU AUGE GOTTES ÜBER ALLEM, WAS LEBT.

Segen fürs Feuermachen

Ich zünde heute morgen mein Feuer an
in Gegenwart der heiligen Engel des Himmels:
in Gegenwart Ariels
mit seiner strahlenden Schönheit,
in Gegenwart Uriels
mit seiner unzähligen Funken Glanz.
Ich zünde es an ohne böse Gedanken und Neid,
ohne Eifersucht, ohne Furcht oder Entsetzen
über etwas, das lebt unter der Sonne –
nur mit dem Wunsch,
Gottes heiliger Sohn möge mich schützen.

Morgensegen

Den neuen Tag, Gott, segne mir –
so neu, noch nie gewesen!
Voll Dank für deine Gegenwart
sei die Zeit, die du mir gegeben.

Meine Augen segne mir, o Gott,
dass sie loben, was immer sie sehen;
meinen Nachbarn, ich will ihn segnen,
und mein Nachbar segne mich.

Ein aufgeräumtes Herz gib mir,
hab auch du mich immer im Auge.
Mach Frau und Kinder zum Segen für mich
und meinen Hof mit all seinem Leben.

Segne, was meine Liebe braucht

Gott segne die Erde, auf der ich jetzt stehe.
Gott segne den Weg, auf dem ich jetzt gehe.
Gott segne das Ziel, für das ich jetzt lebe.

Du Ewiger, du Immerdar,
segne mich auch, wenn ich raste.

Segne, was mein Wille sucht,
segne, was meine Liebe braucht,
segne, worauf meine Hoffnung ruht.

Du König der Könige,
segne meinen Blick.

Gottes Macht halte mich aufrecht

Gottes Macht halte mich aufrecht,
Gottes Weisheit, die leite mich:
Gottes Auge schaue für mich,
Gottes Ohr höre für mich,
Gottes Wort spreche für mich,
Gottes Hand bewahre mich
gegen die Fallstricke des Bösen,
gegen die Versuchungen des Geistes, des Leibes,
gegen alle, die mir schaden wollen.

Zeit

Nimm dir Zeit zu arbeiten
- das ist der Preis des Erfolges.
Nimm dir Zeit zu denken
- das ist die Quelle der Macht.
Nimm dir Zeit zu spielen
- das ist das Geheimnis der ewigen Jugend.
Nimm dir Zeit zu lesen -
das ist die Grundlage der Weisheit.
Nimm dir Zeit, freundlich zu sein
- das ist der Weg zum Glück.
Nimm dir Zeit, zu lieben und geliebt zu werden
- das ist das Vorrecht der Götter.
Nimm dir Zeit zu lachen,
das ist die Musik der Seele.

Dank für eine Mahlzeit

Gott schenke dir ein langes Leben,
möge Gott die,
die das Essen verdienen, erretten.
Möge Gott dir Wohlstand bringen,
und möge er die Menschen,
die auf dem Feld arbeiten,
vor Unglück bewahren.
Mögest du glücklich sein
und nicht in Sünde sterben;
und möge dir kein Unglück geschehen,
weil du mit den Armen geteilt hast.

Gebet in der Küche

Ich lieb meine kleine Küche, Herr,
und jeden Winkel und Topf.
Drum segne mich und all mein Tun
wenn ich Schüsseln wasche und koch.

Die Mahlzeit hier auf meinem Herd
würze von oben her
mit Segen und mit Freundlichkeit
und vor allem mit Liebe von dir .

Die Nahrung, die die Erde gibt,
der Tisch, den du uns deckst -
wir denken dran und danken dir
für unser täglich Brot.

Hier, meine kleine Küche, Herr,
und alle, die treten ein –
sie mögen immer ein frohes Herz
und Frieden drin finden und Glück.

Die gute Hand eines Freundes

Mögest du immer Arbeit haben,
für deine Hände etwas zu tun,
immer Geld in der Tasche,
eine Münze oder auch zwei,
immer möge das Sonnenlicht
auf deinem Fenstersims schimmern
und die Gewissheit in deinem Herzen,
dass ein Regenbogen dem Regen folgt.
Die gute Hand eines Freundes
möge dir immer nah sein,
und Gott möge dir dein Herz erfüllen
und dich mit Freude ermuntern.

Mein Wunsch für deine Lebensreise

Möge Gott auf dem Weg,
den du gehst,
vor dir hereilen,
das ist mein Wunsch
für deine Lebensreise.
Mögest du die hellen Fußstapfen
des Glücks finden
und ihnen den ganzen Weg folgen.

Haussegen

Möge dein Dach
nie einfallen
und mögen die,
die darunter wohnen,
nie herausfallen.

Der Segen der Erde

Der Segen der Erde,
der guten reichen Erde
sei für dich da!
Weich sei die Erde dir, wenn du auf ihr ruhst,
müde am Ende des Tages,
und leicht ruhe die Erde auf dir
am Ende des Lebens,
dass du sie schnell abschütteln kannst –
und auf und davon
auf deinem Weg zu Gott.

Bitte um Regen

Der gesegnete Regen,
der köstliche, sanfte Regen
ströme auf dich herab.
Die kleinen Blumen mögen zu blühen beginnen
und ihren köstlichen Duft ausbreiten,
wo immer du gehst.

Erntesegen

O Gott, segne die Früchte unserer Erde.
Möge Gott der Saat,
die wir der Erde überlassen,
Blüte und Frucht geben.
Möge die Arbeit deiner Hand, o Herr,
über diesem Jahr sein.
Möge Gott deine Ernte reich sein lassen.

Gesundheit

Wir wünschen dir
Gesundheit des Lachens,
ein langes Leben,
ein starkes Herz
und immer was Flüssiges im Mund.

Segen für die Gäste

Ich möchte die Männer des Himmels
bei mir zu Gast haben
und große Fässer voll Fröhlichkeit
ihnen kredenzen.

Sie sollen lustig sein beim Trinken,
auch Jesus soll mit ihnen
bei mir zu Gast sein.

Segen für die Brautleute

Möge eure Ehe erfolgreich sein,
und möge Gott mit euch sein,
möget ihr niemals noch einmal heiraten.
Möge Gott euch nicht kinderlos lassen
oder als Witwer.
Möget ihr ein langes Leben haben
und glückliche Tage, und möget ihr
nicht aus diesem Leben scheiden,
bevor euer Kind entwöhnt ist.
Möge Gott euch Glück bringen,
möge Gott euch eurem Partner erhalten,
mögen euch gute Zeiten begleiten.

Sanftmut auf deinen Lippen

Möge Sanftmut sein auf deinen Lippen,
lieblich und lau wie ein Abend im Sommer,
der langsam ins Laub der Bergeschen sinkt.
Möge freundlicher Sinn sich breiten
in deinen Augen, anmutig und edel
wie die Sonne, die aus Nebel sich hebend
die ruhige See wärmt. Möge Reinheit sich spiegeln
am Grund deines Herzens,
heiter und hell wie der Quell des heiligen Brendan,
darin die Taube ihr Bild schaut.
Möge der Weisheit entspriessen
dir jegliche Handlung, herrlich und doch wie der
Weizen eines guten gesegneten Jahres,
ohne Wurm, ohne Wühlmaus.

Am Ende des Tages

Gottes Segen sei mit den
verstorbenen Seelen,
und möge der allmächtige Gott
uns Leben und Gesundheit lassen.
Möge Gott unsere Arbeit segnen
und die Arbeit aller Menschen.
Möge Gott mich auf den richtigen Weg bringen.
Möge Gott unsere Wege lenken.
Möge Gott uns nicht erlauben,
irgend etwas gegen unser Seelenheil zu tun.

Eine sanfte Straße

Mögest du warme Worte
an einem kalten Abend haben,
Vollmond in einer dunklen Nacht
und eine sanfte Straße
auf dem Weg nach Hause!

Gott möge dich schützen

Gott möge bei dir auf deinem Kissen ruhen,
dich schützend in seiner hohlen Hand halten.
Deine Wege mögen dich aufwärts führen,
freundliches Wetter begleite deinen Schritt.
Wind stärke dir den Rücken -
und mögest du längst im Himmel sein,
wenn der Teufel merkt, dass du fort bist.

Bitte um Gnade und Erbarmen

Mögest du Gnade
und Erbarmen erlangen,
mögest du ohne Sünde sterben,
und mögen die gerechten Männer,
die vor uns gestorben sind,
ihren Teil der ewigen Herrlichkeit erhalten.

Frieden

Den tiefen Frieden im Rauschen der Wellen
wünsche ich dir.
Den tiefen Frieden im schmeichelnden Wind
wünsche ich dir.
Den tiefen Frieden über dem stillen Land
wünsche ich dir.
Den tiefen Frieden unter den leuchtenden Sternen
wünsche ich dir.
Den tiefen Frieden vom Sohne des Friedens
wünsche ich dir.

Die Deutsche Bibliothek - CIP-Einheitsaufnahme
Den tiefen Frieden im Rauschen der Wellen – den wünsche ich dir:
die schönsten irischen Segenssprüche /
hrsg. von Robert Rothmann. - Leipzig : Benno-Verl., 2001
ISBN 3-7462-1402-5

2. Auflage
ISBN 3-7462-1402-5

Herausgegeben von Robert Rothmann
Foto S. 49 © Vinpage-Richner
Gestaltung: Daniel Schörnig, Leipzig
Herstellung: Arnold & Domnick, Leipzig
Printed in the Czech Republic

Die Deutsche Bibliothek - CIP-Einheitsaufnahme
Den tiefen Frieden im Rauschen der Wellen – den wünsche ich dir:
die schönsten irischen Segenssprüche /
hrsg. von Robert Rothmann. - Leipzig : Benno-Verl., 2001
ISBN 3-7462-1402-5

2. Auflage
ISBN 3-7462-1402-5

Herausgegeben von Robert Rothmann
Foto S. 49 © Vinpage-Richner
Gestaltung: Daniel Schörnig, Leipzig
Herstellung: Arnold & Domnick, Leipzig
Printed in the Czech Republic